DES

SECOURS AUX NOYÉS

LEUR ASSISTANCE SUR LA BERGE A L'AIDE

DES BOITES DE SECOURS,

LEUR SAUVETAGE EN PLEINE EAU SANS APPAREIL ;

PAR

E. FERRAND,

Pharmacien à Lyon,

ex-préparateur-chimiste aux Gobelins, au Collége de France à Paris,
membre de la Société impériale de médecine
et du Conseil d'hygiène publique et de salubrité de Lyon
correspondant de la Société des sciences naturelles
de Bruxelles,
de la Société de pharmacie de Paris,
de Toulouse, etc.

LYON
IMPRIMERIE D'AIMÉ VINGTRINIER
RUE BELLE-CORDIÈRE, 14.

1868.

SECOURS AUX NOYÉS

DES

SECOURS AUX NOYÉS

LEUR ASSISTANCE SUR LA BERGE A L'AIDE

DES BOITES DE SECOURS,

LEUR SAUVETAGE EN PLEINE EAU SANS APPAREIL ;

PAR

E. FERRAND,

Pharmacien à Lyon,

ex-préparateur-chimiste aux Gobelins, au Collége de France à Paris,
membre de la Société impériale de médecine
et du Conseil d'hygiène publique et de salubrité de Lyon
correspondant de la Société des sciences naturelles
de Bruxelles,
de la Société de pharmacie de Paris,
de Toulouse, etc.

LYON

IMPRIMERIE D'AIMÉ VINGTRINIER

RUE BELLE-CORDIÈRE, 14.

—

1868.

SECOURS AUX NOYÉS

ORIGINE ET OBJET DE CE TRAVAIL.

Mon attention a été appelée sur ce sujet par le soin qui m'a été confié de l'inspection des boîtes de secours de la ville de Lyon, par l'urgence des réformes que me paraissait comporter l'organisation déjà ancienne de ces boîtes, par la nécessité enfin de laisser sous les yeux de chaque dépositaire des instructions suffisantes, instructions populaires concernant les secours à donner d'une part aux noyés plus ou moins frappés de mort apparente, et d'autre part à ceux-là mêmes qui sont en danger de se noyer.

En vue de cette réorganisation, j'avais donc à plusieurs reprises signalé à l'administration l'état insuffisant de ce service, lorsque le développement pris par notre navigation intérieure et l'événement douloureux du 10 juillet 1864 (noyade en masse de près de quarante personnes (1),

(1) Bateau *Mouche*, naufragé au centre de la ville, port Saint-Antoine.

firent prêter une oreille plus attentive à la question qui m'occupe, et j'eus alors la satisfaction, grâce au concours empressé de M. le baron de Metz, l'un des secrétaires généraux de la préfecture du Rhône, de voir ma proposition se réaliser.

Quelques mots de ce qu'était ce service à Lyon, et l'énoncé de quelques points que je ne veux, du reste, envisager que brièvement auront bientôt initié à la teneur de la communication dans laquelle je me propose de traiter : 1° *des boîtes de secours* ; 2° *du sauvetage des personnes en danger de se noyer.* (Voir les sous-titres ci-après.)

PREMIÈRE PARTIE.

1° *Des boîtes anciennes, pour en donner seulement une idée ;*

2° *Des boîtes nouvelles, pour qu'elles soient plus connues ;*

3° *Du contenu de ces dernières ;*

4° *De l'instruction populaire et permanente y relative ;*

5° *D'une instruction complémentaire concernant les secours médicaux considérés dans leurs pratiques les plus nouvelles.*

DEUXIÈME PARTIE.

6° *De quelques considérations et projet sur les bains de rivière ;*

7° *De l'exemple donné par les grandes institutions de secours pour les naufragés* ;

8° *Du meilleur mode de pratiquer à la nage, et sans appareil, le sauvetage des noyés ; expériences hydrostatiques à l'appui.*

PREMIÈRE PARTIE.

DE L'ASSISTANCE DES NOYÉS A L'AIDE DES BOÎTES DE SECOURS.

Des boîtes anciennes. — L'idée que l'on en peut donner est assurément peu favorable, car vingt boîtes, composant naguère l'ensemble de nos ressources, réparties sur les bords de nos quais, étaient formées de douze boîtes vieilles, hors de service, et de huit autres moins anciennes, mais très-dissemblables.

Ces coffres massifs étaient assez lourds, assez mal armés de manettes sans arrêt pour être peu portatifs, chose grave dans nos stations hors ville.

Leurs différences notables accusaient leurs origines successives et diverses, au point d'exiger des indications spéciales pour chaque détenteur et de s'opposer par conséquent à une rédaction commune à tous.

Remplis par des objets volumineux, ces coffres, malgré leurs grandes dimensions, étaient très-incomplets.

Aussi, grâce à l'ajournement continu des réparations demandées, leur intérieur ne brillait-il pas plus par le nombre suffisant des objets utiles que sous le rapport de la vue distincte et sous celui d'une distribution méthodique. Des flacons disparates sans cases spéciales, mêlés çà et là, malgré leur fragilité, aux instruments les plus divers, seringues, soufflet pour narrine, soufflet pour rectum, appareil fumigatoire, etc., constituaient un pêle-mêle ne réalisant que l'entassement et la confusion. Aussi, sur neuf boîtes transportées sur les bas-ports de la Saône, lors de l'événement du 10 juillet, plusieurs sont-elles demeurées inactives faute d'interprètes assez habiles et assez patients pour découvrir tout ce qui était successivement nécessaire.

Des boîtes nouvelles. — Peu à peu l'amélioration s'est faite, et après l'installation des poteaux indicateurs est venue celle des plaques plus permanentes et beaucoup plus nombreuses, soit, pour ainsi dire, au pied de chaque rampe de nos bas-ports. Puis, au lieu de vingt stations où l'on trouvait des boîtes de secours, j'en ai obtenu trente, échelonnées du pont de la Mulatière à celui de l'Ile-Barbe, du pont de la Mulatière à celui du chemin de fer de Genève, sur les deux rives de la Saône et du Rhône, qui chez des mariniers, des pharmaciens, qui dans les postes d'octroi et dans les postes de pompiers.

Trente boîtes nouvelles, rendues plus portatives par un seul homme, au lieu de deux pour chacune d'elles, en raison de leur poids moindre (17 kilogr.) et de la nouvelle courroie ou baudrier adhérant à la caisse, ont ainsi remplacé l'ancien matériel.

Ajoutons qu'un nombre au moins égal de brancards, avec matelas brisés, capote et couvertures imperméables exécutées sur les derniers modèles de l'hôpital militaire ont remplacé de même, d'une façon digne d'une administration éclairée, quatre méchants lits de coutil, froids, découverts et longs à appareiller.

Du contenu des boîtes. — Dans l'intérieur de chaque boîte, lorsqu'on a enlevé, après l'avoir découvert, le *casier* mobile qui contient les *instruments* étalés, l'on embrasse pour ainsi dire d'un seul coup d'œil la vue distincte de tous les objets qui, réunis au nombre de *cinquante*, fournissent, en éléments les plus nécessaires, de suffisantes ressources.

L'énoncé enfin des objets se trouve compris dans une instruction sommaire, collée dans l'intérieur de chaque couvercle que l'on maintient renversé pour plus facile lecture. Et l'ordre de ces objets (dans cet énoncé ou tableau) est celui de leur application rationnelle, en supposant le cas le plus complexe.

Les boîtes anciennes et celles plus modernes que l'on trouve en d'autres villes, contiennent un moins grand nombre d'ustensiles et d'espèces médicamenteuses, mais elles sont généralement composées suivant des destinations plus exclusives. Ainsi, Paris possédait, il y a quelques années, quatre-vingts boîtes pour les secours aux noyés, et trente boîtes pour les secours aux blessés.

En répondant à tous les désidérata par leur appropriation plus générale, nos boîtes qui relativement ne sont point inférieures en nombre, ne peuvent que se prêter

plus facilement aux divers services que des accidents variés peuvent attendre d'elles.

J'ai supprimé les appareils fumigatoires accompagnés
de leurs soufflets encombrants, toutes choses qui d'un emploi parfois moins utile que dangereux n'étaient jamais
ou très-exceptionnellement appliquées.

Après avoir fait connaître le contenu des boîtes nouvelles que j'ai composées, pour la ville de Lyon, et l'instruction populaire que j'y ai jointe, j'appellerai enfin plus
spécialement l'attention sur le parti avantageux que l'on
peut retirer de la *seringue* à double effet; puis sur le *marteau-mayor* que j'ai introduit dans mes premiers modèles
de 1866, et plus récemment sur le spéculum laryngien du
docteur Labourdette. J'insisterai enfin sur l'emploi et les
motifs de certaines pratiques peu ou pas connues conseillées dans ladite instruction résumée en un tableau.

*De l'instruction populaire et permanente dans le cou-
vercle de chaque boîte.* — Dans les boîtes de secours les
mieux conditionnées que j'aie vues, celle de Charrière
(modèle officiel pour Paris, 21 objets), on trouve à l'intérieur du couvercle, un écriteau indicateur qui, supposant
connu l'usage de chaque chose, dénomme tous les instruments de chirurgie et, à l'aide de numéros correspondants,
renvoie aux mêmes chiffres que portent les dessins mis en
regard.

Or, dès que j'ai eu réalisé l'uniformité des nouvelles
boîtes, j'ai pensé qu'il était préférable de composer une
instruction sommaire comprenant, en une seule page, et
tout d'abord, non l'énoncé de tous les objets, mais l'exposé de l'ordre et de la nature des secours à administrer

aux *noyés*, aux autres *asphyxiés* et aux *blessés*, c'est-à-dire en premier lieu, la manœuvre et la raison de cette manœuvre ; puis vient l'énumération de tous les objets avec note relative à leur destination.

Dans mes inspections, j'étais tenu dans chaque station ou poste dont le personnel était assez souvent renouvelé, comme dans les postes d'octroi et ailleurs, de répéter ce que j'avais à dire de l'usage de chaque chose, et d'expliquer le pourquoi, l'objet enfin de toutes les pratiques à mettre en œuvre.

J'avais le plus souvent affaire à des mariniers, au premier venu, intelligent sans doute, mais peu versé dans l'art de guérir ; aussi, lorsque je commençais par dire que l'on ne devait donner aux noyés, dès les premiers soins, ni vin, ni arquebuse, toute leur théorie demeurait-elle confondue et leur éducation était-elle entièrement à faire.

Cette exposition était-elle bien faite? Etait-elle comprise et surtout retenue?.... Dans tous les cas, elle était assurément insuffisante.

Il s'agissait donc surtout et avant tout d'une instruction populaire à formuler et par laquelle conséquemment il importait de faire connaître non-seulement le but peut-être éloigné, mais le but immédiat, c'est-à-dire de faire comprendre l'objet des moyens à mettre en pratique et la nécessité de faire concorder la réalisation de trois conditions les plus essentielles, savoir :

1° Ramener la chaleur naturelle du corps et avec elle la circulation du sang ;

2° Rétablir le fonctionnement de la respiration ;

3° Provoquer la réapparition de la sensibilité.

En d'autres termes et d'une manière plus générale, obtenir avec le réveil des fonctions organiques, les signes de la vie. De là, les trois ordres de moyens sous les trois titres : RÉ-CHAUFFER, FAIRE RESPIRER, RANIMER, et les recommanda-tions : *agir avec promptitude et persévérance, mais avec ordre et sans précipitation, car chez les noyés la mort n'est souvent qu'apparente, et le retour des manifestations de la vie lent à se produire.*

Puis, sous chaque titre, une colonne est consacrée à la liste des objets utilisables qui en dépendent, et surtout comprend, à la suite des noms, une instruction très-som-maire pour les manœuvres ou modes [d'emploi. Cette ins-cription enfin des objets a été faite dans un ordre auquel le côté rigoureux a dû être un peu sacrifié au côté pratique.

En effet, si ce tableau, sans préface, a ses avantages, ce-lui, par exemple, de montrer d'un seul coup tout ce qui est à réaliser, et celui do faciliter la prompte répartition du travail à accomplir entre plusieurs, il arrive que la néces-sité de n'exposer que successivement les choses et les moyens qui doivent presque simultanément se prêter un mutuel concours est ici demeuré un obstacle.

Aussi, bien que les soins à donner à la respiration mé-ritent d'être placés au premier rang, j'ai dû les faire précé-der de la question de la position du corps, de celle du mi-lieu, mettant le corps à l'abri du froid, et de celle de la caléfaction par des moyens artificiels, longs à se procurer et à intervenir au besoin plus tard, pendant les opéra-tions subséquentes.

Une quatrième et dernière colonne est plus spécialement

affectée au traitement des asphyxiés par causes diverses et aux blessés.

Ce tableau, en définitive, est à mes yeux un abrégé suffisant, et en le développant, je craindrais de dépasser le but ; néanmoins, après lui, quelques documents complémentaires viendront, ai-je dit, terminer la première partie de ce travail et justifier l'adoption que j'ai faite de telle ou telle mesure nouvelle : emploi du spéculum laryngien, des respirations artificielles par l'élévation des bras, du marteau-mayor, des injections brusques d'eau fraiche dans les fosses nasales, etc.

Notons que dans le tableau qui va suivre, comme dans la boîte que j'ai composée pour la ville de Lyon, *les flacons portent en outre de leur étiquette respective un numéro d'ordre qui, plutôt vu, rend le choix entre eux plus prompt et plus facile.*

Si j'avais à rendre cette instruction encore plus populaire, pour les lieux en dehors de tout secours médical ou pharmaceutique, je conserverais avec soin pour titre comme expression vulgaire, très-intelligible, les mots : RÉCHAUFFER, FAIRE RESPIRER, et RANIMER.

Je conserverais la première colonne en lui donnant plus de largeur, et par conséquent moins de hauteur.

Dans la seconde colonne, je supprimerais *faciliter la sortie de l'eau,* ce qui correspond à une idée fort accréditée, mais souvent fausse, qui inspire toujours au populaire des mesures barbares. Je remplacerais *tous les leviers* par *un coin de bois* ; je supprimerais les pompes pour n'employer qu'*un tube, un roseau ou un tuyáu de pipe,* en corne autant que possible, pour insuffler de l'air dans une des narines par le procédé MARCHAND, décrit dans mes notes complémentaires ci-après.

Dans la troisième colonne, je remplacerais le *marteau-mayor* par un poids ou boulon en cuivre d'une livre environ, plongé dans l'eau bouillante et retiré à l'aide d'un fil ou ficelle, puis appliqué à l'aide d'un chiffon ou mouchoir de poche : je remplacerais enfin le *sel ammoniac* pour lavement par une demi-poignée de *sel marin* dans deux verres d'eau chaude, et j'insisterais davantage sur l'emploi des barbes de plumes sèches et renouvelées, dans l'arrière-gorge et dans les fosses nasales, tant pour enlever les mucosités que pour produire les provocations voulues.

Enfin, en ce qui concerne les procédés de SAUVETAGE A LA NAGE sans le concours d'appareils, je joindrais en tête de mon tableau les quatre dessins que j'ai fait exécuter pour faire connaître les manœuvres que j'ai proposées après les études pratiques les plus concluantes. Ces dessins accompagneront en terminant la deuxième partie du présent travail.

(Voir le tableau ci-joint.)

NOTES COMPLÉMENTAIRES.

Le tableau qui précède m'a paru suffisant, ai-je dit, dans ses données générales, parce qu'en dehors des notions premières destinées au public, il est seulement appelé à servir de memento aux médecins appelés eux-mêmes à suppléer à ses imperfections et à diriger les secours suivant les résultats et les circonstances. Qu'il me soit permis toutefois de m'arrêter à quelques explications complémentaires.

A. — En faisant exécuter un cylindre de cuivre mobile garni de *briquettes stoker* très-combustibles (pâte de charbone et de comburant), j'ai réussi facilement à obtenir en quelques secondes une chaleur durable ; mais cet appareil est resté à l'état d'essai, car la nécessité de certaines précautions pour régler la combustion m'a paru, au point de vue d'une pratique facile, diminuer la somme d'avantages que j'avais pu espérer tout d'abord.

B. — Le *speculum laryngien* du docteur Labourdette doit certainement rendre des services, puisqu'il peut, en abaissant et en attirant la base de la langue, dégager la partie supérieure des voies respiratoires, permettre de s'assurer de la présence des mucosités, permettre de les enlever et d'introduire les sondes voulues ; mais en l'essayant sur le cadavre, j'ai remarqué que le miroir se recouvre presque constamment de mucosités qui rendent ce dernier à peu près inutile (on peut remédier en partie à cet incon-

vénient en trempant l'instrument dans l'eau), et que la
courbure, qui devrait être égale à l'extrémité des deux
branches, n'est pas assez prononcée dans la valve in-
férieure, que la longueur même de l'appareil en dehors
de la bouche rend moins facile l'introduction des sondes ;
néanmoins il réalise un grand progrès sur le mors à
ouverture pour la susdite introduction et sur le procédé de M. Henri Sylvestre, de Londres, qui propose
d'amener la langue en dehors des lèvres et de l'y fixer en
maintenant la bouche fermée avec un *mouchoir* qui, passé
sous le menton, est relié sur la tête.

Un autre moyen qui, préconisé en Angleterre, me
paraît mieux que ce dernier remplir les indications,
consiste à fixer la langue hors de la bouche, en la
serrant sur le maxilaire inférieur à l'aide d'un anneau
ou *bracelet en caoutchouc* ; un lacet élastique tend moins
à glisser.

C. — J'ai puisé l'idée de l'application du marteau mayor
dans M. Bouchardat (1) qui, après avoir lu les intéressantes
observations recueillies dans le service de M. Boyer par
M. Hervieux sur l'application de cet instrument et sur son
utilité dans la période ultime des maladies, a eu la pensée
de l'employer dans le cas d'asphyxie par submersion, par
strangulation et par les gaz délétères. M. Bouchardat est
ainsi demeuré bien convaincu que ce puissant moyen de
ranimer la sensibilité, lorsqu'il n'existe pas de lésions dans
les organes essentiels au maintien de la vie rendrait des
services bien autrement importants que chez les agonisants

(1) Formulaire de 1866.

ordinaires. Autorisé par l'opinion d'un tel maître, je n'ai pas hésité à doter du marteau-mayor mes premières boîtes réformées en 1866, et j'ai eu la satisfaction de voir à l'Exposition universelle de 1867 la même application faite aux boîtes de secours de la ville de Paris. En conséquence, dans les cas de mort apparente, on doit appliquer le marteau-mayor à plusieurs reprises sur la région du cœur, sur l'épigastre et le long de la colonne vertébrale. — Comme stimulant énergique, on a vanté l'électricité appliquée aux asphyxiés par submersion, et j'ai même proposé de faire intervenir M. Boulade qui, pour répondre à la question d'entretien, se serait chargé de tenir les instruments en état ; mais l'administration a ajourné l'adoption de cette mesure.

Restaient cependant les affirmations de Carrera, qui a rappelé à la vie un grand nombre d'animaux noyés, quand la mort était apparente depuis quelque temps, en stimulant les fibres du cœur et celles du diaphragme, à l'aide d'aiguilles qu'il y enfonçait. Après les avantages de l'acupuncture, j'ai cru pouvoir encore invoquer ceux de l'appareil bioscopique signalés notamment dans une des séances de la Société de médecine de Lyon, mais qui n'ont pas été l'objet d'un contrôle. J'ai bien appris qu'à l'amphithéâtre des internes de Lyon, M. Fontan avait récemment obtenu des phénomènes de contractilité sur le cadavre et spécialement sur la face du supplicié Barrel, mais ceci ne rentre que très-indirectement dans notre sujet : les expériences de M. Claude Bernard sur les têtes d'animaux décapités prouvent, en effet, indirectement l'insignifiance des tentatives précédentes au point de vue qui nous occupe.

D. — En ce qui concerne le rétablissement important des fonctions respiratoires, je commencerai par insister peu sur les divers partis que l'on peut tirer de la *seringue de Charrière*, munie de ses deux ouvertures et de son robinet à double effet pour l'extraction des mucosités et des liquides, aussi bien que pour l'introduction ménagée de l'air et les injections de toute nature; il est bien entendu qu'elle peut, au besoin, servir aux petites injections brusques dont je parlerai tout à l'heure, quoique dans ce dernier cas une seringue à oreille soit préférable.

J'en ai dit assez enfin sur cet instrument de Charrière, car il est trop connu des médecins pour rien ajouter, sinon que sans désavantage son emploi peut être substitué, pour les insufflations, à celui des soufflets reformés.

Je noterai encore ici bien volontiers pour les personnes qui, en l'absence de toutes boîtes de secours, éprouveraient quelque répugnance à pratiquer l'insufflation de l'air bouche à bouche, je note, dis-je, la recommandation de M. Marchand, qui consiste à introduire un tuyau de pipe (ou tout autre tube résistant) dans le nez, à presser légèrement les deux narines sur le susdit tube, fermer la bouche à l'aide de la main libre, faire une profonde insufflation de manière à dilater la poitrine du noyé, et à découvrir enfin la bouche pour permettre l'expulsion de l'air introduit. Il est évident que l'on peut réaliser non moins facilement cette indication en faisant remplir ledit office à la canule nasale des boîtes de secours.

Mais je recommande tout particulièrement, pour les grands *mouvements de respiration artificielle*, le pro-

cédé de M. Sylvestre, de Londres ; la traduction donnée,
il y a quelques années, par les journaux français, m'avait
fait croire à la nécessité d'un personnel nombreux pour
maintenir le malade soulevé, faire élever ensuite chacun
des bras du noyé, de manière à élargir le thorax, puis
abaisser ces mêmes bras et exercer enfin des pressions al-
ternées sur les bas côtés de la poitrine. Une traduction
plus précise et mieux encore les lithographies dont j'ai
fait reproduire, dans les deux situations opposées, des spé-
cimens que j'ai collés sur le tableau ou instruction générale
accompagnant chaque boîte, donnent une idée très-sai-
sissante de ce que peut faire un seul homme réalisant
l'inspiration et l'expiration dix à quinze fois par minute.
(Voir le tableau précédent.)

Je le répète donc au besoin pour être plus complet et
mieux compris : le noyé est étendu sur le dos, un coussin
un peu dur, un paquet de vêtements, soulève ses épaules,
un autre soutient sa tête ; l'opérateur placé derrière ladite
tête saisit au-dessus des coudes les avant-bras du noyé,
les ramène à lui dans la plus grande extension ; les mus-
cles distendus de la poitrine ouvrent alors largement la
cavité thoracique dans laquelle, puissamment appelé par le
vide, l'air pénètre profondément ; puis les bras pliés et
pressés sur les fausses côtes et une partie de l'abdomen
déterminent l'expulsion de l'air introduit.

J'estime, en effet, que cette double manœuvre, après
avoir toutefois débarrassé, autant que possible, de leurs
mucosités les premières voies respiratoires, peut plus na-
turellement et non moins efficacement remplacer ce que
l'on a appelé le moyen héroïque de l'*insufflation de l'air*

dans les poumons, surtout pour les aides improvisés auxquels s'adresse mon instruction populaire.

D'autre par t enfin, cette dilatation forcément accomplie de la poitrine suivie de son resserrement, énergique ou modéré à volonté, laisse bien loin, sans avoir toutefois la prétention de les remplacer toujours, les pratiques les plus connues des compressions légères alternativemennt exercées avec les mains sur la poitrine et sur le bas-ventre.

Pour confirmer péremptoirement ce que j'ai dit de la puissance du procédé Sylvestre, pour répondre d'autre part à quelques objections que je ne puis croire fondées et lever enfin quelques doutes exprimés sur ce point, je rapporte ci-après le résultat sommaire, ou moyenne de mes essais pneumatométriques tentés en vue d'apprécier la puissance des moyens décrits plus haut dans la pratique des respirations artificielles. Or, en admettant nécessairement que la quantité d'air expirée dans l'appareil est égale à la quantité d'air expirée dans l'atmosphère, je dis, en effet :

Quantité d'air expirée, savoir :   LITRES.

1º Pendant une expiration normale.......... 0 1/3

2º Pendant une expiration profonde, après une aspiration simple produite par le seul retour à l'état naturel du diaphragme et des côtes après leur compression énergique...................... 1 1/2

3º Pendant une expiration profonde, après aspiration normale............................. 1 2/3

4º Pendant une expiration profonde, les bras

étant abaissés, après aspiration normale, les bras
étant mis en croix.............................. 2 1⁄2

5º Pendant une expiration profonde (les bras
étant abaissés), après une aspiration normale, les
bras étant étendus au-dessus de la tête........... 2 3/4

6º Pendant une expiration profonde, après une
aspiration profonde, sans manœuvre (les bras
abaissés.. 3 3/4

7º Pendant une expiration profonde (bras abaissés) après une aspiration profonde (les bras élevés
au-dessus de la tête)............................... 4 »

8º Pendant une expiration profonde (bras abaissés) après une aspiration profonde, les bras étant
élevés au-dessus de la tête........................ 4 1/4

Nota. J'ai trouvé exceptionnellement, chez certains
adultes, le maximum s'arrêtant à 3 litres chez les uns, et
atteignant pour d'autres 5 litres 1/2.

*Circonférence de la poitrine mesurée au niveau du sternum
pendant une expiration profonde :*

Moyenne... { 1º Sans manœuvre les bras abaissés. 0,80
{ 2º Avec les bras étendus en croix... 0,86
{ 3º Avec les bras élevés au-des. de la tête 0,92

En terminant mon tableau, fait pour les boîtes de secours, j'ai invoqué, surtout pour le public appelé à donner
les premiers soins, l'incertitude des signes de la mort, afin
que l'on comprenne bien le devoir d'attendre qu'un médecin
se soit prononcé.

E. — Mais en ce qui concerne le plus ou moins de persévérance et d'efforts utiles, je me suis promis de faire
appel au savoir des physiologistes pour avoir notamment sur un point des renseignements importants. Déjà,
pour une commission de la Société impériale de médecine
de Lyon, réunie pour l'étude des maladies régnantes, la
catastrophe du 10 juillet 1864, citée plus haut, avait été
l'occasion d'une étude sommaire de divers états physiolo-
giques ou pathologiques de l'économie qui théoriquement
peuvent, soit retarder, soit précipiter les chances de l'asphyxie par submersion, et M. Pétrequin, résumant le côté
pratique de cette étude, disait : « La constatation du relâ-
« chement musculaire démoncerait la syncope ; la régur-
« gitation des aliments, la plénitude de l'estomac et l'in-
« digestion ; les hémorrhagies par les ouvertures de la
« face, l'hypérémie encéphalique ; une sorte de crispation
« persistante des membres, l'asphyxie pure et simple. »

Or, ce qui me préoccupe encore et surtout, c'est le désir
de savoir s'il serait possible de diagnostiquer avec préci-
sion, par les caractères seuls de la pâleur de la face et de la
souplesse des membres ou par quelques autres recherches,
traces de circulation capillaire, par exemple, s'il y a eu
syncope préalable. J'ai considéré ce point comme plus spécialement important à élucider, parce que je me rappelle
avoir lu que, dans des expériences faites sur des animaux
noyés, les tentatives de résurrection avaient obtenu des
succès presque constants, mais à peu près exclusivement
dans les cas où les expérimentateurs avaient préalablement
provoqué la syncope. Ajoutons que si la présence de l'é-
cume ou plutôt fine-mousse que l'on peut trouver dans le

larynx et dans la bouche est un signe important au point de vue médico-légal, c'est surtout l'absence de cette mousse qui peut avoir ici, c'est-à-dire dans le cas de mort par submersion, une importante signification, car elle devient un indice presque constant de mort par la syncope.

DEUXIÈME PARTIE.

DU SAUVETAGE DES PERSONNES EN DANGER DE SE NOYER.

J'ai, dans la première partie de ce travail, traité des soins à donner, à l'aide des boîtes de secours, aux noyés ramenés sur la berge ou dans un lieu abrité : j'aborde, dans la seconde partie, la question de leur sauvetage en pleine eau, sans le concours d'aucun appareil.

En conséquence, je ne me propose pas d'apprécier, ni même de citer les moyens puissants et variés mis en œuvre dans les villes maritimes ou dans les ports lorsqu'y est signalée l'apparition d'un navire en détresse, alors aussi que de tous côtés accourent des sauveteurs armés de toutes sortes d'engins, depuis la ceinture de sauvetage jusqu'aux porte-amarres, etc.

Je veux, au contraire, me placer exclusivement au point de vue des accidents isolés qui sont les plus fréquents, de ceux-là mêmes où le darger est toujours pressant et pour lesquels les moyens de secours, même les plus simples, font absolument défaut. Un mot des bains de rivière va me servir d'introduction.

Des bains de rivière. — Les bains de rivière, bains froids toniques avec l'exercice musculaire de la natation, sont très-dignes d'être recommandés, car ils conviennent assurément au plus grand nombre et particulièrement aux populations laborieuses des grands centres, populations qui souvent abâtardies par la misère et l'encombrement peuvent trouver dans cette hygiène de premier ordre la propreté, la robusticité et la souplesse, signes certains et luxe désirable de la santé. Mais cette recommandation n'est pas sans péril. L'Administration a interdit l'usage libre des bains dans l'intérieur de la cité et diminué par là même le nombre des accidents qui s'y produisaient, mais en diminuant aussi celui des baigneurs ; puis elle n'a fait qu'éloigner les dangers en repoussant hors la ville et les amateurs de pleine eau et les malheureux pour qui, un soin, un plaisir du prix même modique de quarante centimes est chose trop coûteuse. Les dangers n'en persistent donc pas moins s'ils ne sont que déplacés, car dans l'une de ces dernières années, sur une centaine de noyés, 75 ont été portés à la morgue, 12 ont pu, aussitôt repêchés, gagner leur domicile, 13 ont été assistés avec succès par les boîtes de secours, 13, dis-je, dont trois n'ont dû leur retour à la vie, qu'à des soins prolongés.

L'on connaît surabondamment tous les effets salutaires des bains, à ce point, qu'à Rome, suivant les témoignages de Pline, pendant plusieurs siècles, on n'y connut pas d'autre remède. Je me garderai bien d'appuyer semblable prétention ; mais, sans en demander autant, on ne comprend pas que Lyon qui possède et une tiède rivière et un grand fleuve descendu des glaciers n'ait pas des bains publics gratuits sur quelques points de ses rives. La presse lyonnaise, en s'occupant de cette question, évaluait à 40,000 francs les frais d'un établissement de ce genre ; la nécessité de ces frais était une complication, l'unité de lieu n'était pas sans inconvénient pour une population dont les faubourgs sont très-éloignés.

J'ai pensé qu'il serait plus pratique et plus immédiatement réalisable de choisir des postes sondés, connus et appropriés comme dans certains bains de mer, limités avec des poteaux, des câbles, des bouées, des drapeaux, des filets au besoin en aval si le courant a trop d'entraînement, et munis enfin de bateaux que ne manqueraient pas d'offrir les sociétés de sauvetage. Nous ne demandons ainsi ni *apodyptère* (1) ni *strigilles* (2), mais le strict nécessaire, et déjà aux quatre coins de la ville, les habitudes des baigneurs ont pour ainsi dire désigné les postes les plus convenables.

A côté de la question d'hygiène, je me plais à conseiller d'ajouter au plaisir salutaire du bain de rivière, pris en pleine eau ou dans les établissements-écoles, l'exercice

---

(1) Vestiaire dans lequel les esclaves, après avoir deshabillé les baigneurs, serraient leurs vêtements dans des armoires à cet effet.

(2) *Spatules d'ivoire* de formes variées pour suivre les contours de toutes les parties du corps avec lesquelles les esclaves grattaient la peau du baigneur et enlevaient sueur et pellicules.

plein d'attrait et d'utilité du sauvetage simulé et pratiqué entre baigneurs, ainsi qu'il sera décrit page 30 et suivantes. A l'aide de ce noble exercice, si mes vœux se réalisent, tous les nageurs de France seront, en une séance, à même d'être des sauveteurs habiles.

Sociétés de secours (historique). — En Angleterre, où l'initiative individuelle n'attend pas, comme chez nous, toutes choses de l'Administration, une société toute-puissante a créé de grandes choses, dans l'ordre d'idée qui nous occupe, soit dans Londres, un palais où sont réunis tous les moyens de secours, puis sur les bords de la Tamise, 260 stations, un personnel nombreux, toujours prêt, de sauveteurs, de messagers, de médecins affiliés, un matériel considérable et près de 50,000 francs de revenu dépensés annuellement en appareils nouveaux, en parchemins, en médailles, en espèces, enfin, en récompenses diverses décernées au *noble courage et à l'humanité déployés dans le sauvetage.*

Le docteur Hawes, en Angleterre, combattit le premier, avec succès, le préjugé qui faisait mépriser toute tentative de secours aux noyés, et offrit de récompenser quiconque ramènerait promptement des noyés de date récente, soit à lui, soit à ses amis, désireux de s'occuper de leur résurrection. Il obtint plusieurs résultats heureux. Trente-deux gentlemens lui offrirent de venir en aide à sa bourse généreuse, et de là naquit la *Société humaine de Londres*, que l'on doit citer comme un modèle digne d'une grande nation. Déjà aussi un même mouvement s'était emparé des esprits et Amsterdam avait un commencement d'association dont je parlerai bientôt ; mais en Angleterre les travaux du docteur Pathergille et le concours d'un autre médecin, M. Cogane, aidèrent beaucoup à la création philanthropique de leur compatriote, le docteur Hawes, de Londres.

L'usage des bains froids est si répandu dans cette capitale, que, dans *Serpentine rivière*, en 1865, l'on n'a pas compté aux heures du soir qui donnent libre accès aux baigneurs, moins de 314,350 bains, et 45 noyés dont 11 suicides, et sur ce nombre une seule mort. Les secours de l'association anglaise s'étendent aussi à tous les accidents de la voie publique, et comme étude de mœurs, l'on peut remarquer l'alinéa consacré aux soins à donner aux malheureux frappés *d'intoxication* (lire : tombés ivres-morts). Je me suis adressé à cette institution, *of royal humane Society*, qui a des ramifications même sur notre littoral, pour avoir des instructions sur ses moyens d'action, et son président m'a gracieusement adressé un des derniers comptes-rendus de ses travaux, contenant deux gravures que j'ai reproduites pour l'intelligence plus facile des manœuvres propres à réaliser le meilleur procédé de respiration artificielle. La couverture porte cette épigraphe de Shakespeare, que je traduis par à peu près : « La mort peut empiéter sur la vie « pendant quelques heures, alors qu'un feu secret en « anime encore les esprits oppressés. J'ai entendu parler « d'un Egyptien qui, mort depuis neuf heures, avait été « sauvé par des soins intelligents. »

En d'autres termes, chez l'homme et chez les animaux, la vie, dans certains cas, ne s'éteint pas nécessairement et immédiatement avec la cessation de l'action des poumons et du cœur ; car, quoique les fonctions de ces organes (respiration et circulation) soient indispensables à l'entretien de la vie normale, l'on a souvent eu l'occasion de constater la persistance de la vitalité, qui, dans le plein exercice des fonctions, tient les deux organes précités sous sa dépendance.

Mais si en Angleterre le génie pratique de ses nationaux avait eu le mérite de donner en 1774 l'exemple d'une institution qui ne devait pas cesser de grandir, il est juste de dire que la Hollande avait été en 1769, le berceau de l'heureuse idée de la création d'une première Société qui, la première, installa les moyens de secours, et sut prendre en outre l'initiative des médailles et des récompenses, toutes mesures enfin judicieuses et propres à assurer le succès de l'entreprise.

La France était-elle demeurée étrangère à ce mouvement humanitaire ? Assurément non ; car à elle revient l'honneur d'avoir bien antérieurement, soit en 1740, cherché à populariser les méthodes de traitement que réclame l'asphyxie par submersion. A cette date, en effet, le gouvernement avait fait imprimer au Louvre un premier avis sous le titre : *Soins à donner à ceux que l'on croit noyés*. C'était un précis rédigé d'après les connaissances de cette époque par notre illustre académicien M. de Réaumur. Dès 1758 et en 1769, on en fit de nouvelles impressions et distributions à Paris et dans toutes les provinces; mais pendant ces trente années, on s'était contenté d'indiquer les moyens sans les fournir : aussi le zèle du gouvernement et de la ville de Paris restèrent-ils sans effet. Toutefois, en 1771, M. Bignon, président des prévôts des marchands, projeta l'installation pratique de ce qui restait à faire, et, dès le 16 juin de l'année suivante, son successeur, M. de la Michodière eut le bonheur de la réaliser. Des boîtes *entrepôts* furent déposées sur les quais, dans les corps de garde, et répandues dans tout le pays. L'échevin M. Pia fut chargé de centraliser tous les documents, tous les résultats obtenus, et j'ai pu les retrouver dans les cinq volumes publiés pendant dix ans, soit jusqu'en 1784, sous le titre : *Détail des succès de l'établissement que la ville de Paris a fait en faveur des personnes noyées, et qui a été adopté dans les diverses provinces de France.* J'y ai trouvé enfin, tome 2, page 184, les réflexions suivantes empruntées au *Gentlemens Magasine.* « Les heu-« reuses expériences des nations voisines nous donnent « lieu d'espérer qu'on établira en Angleterre (où les fon-« dations charitables de toutes espèces sont si nombreu-« ses), une Société dirigée par les mêmes motifs d'hu-« manité. »

J'ai dit que l'initiative individuelle des docteurs Hawes, Cogane, Fathergille et autres triomphèrent chez nos voisins par leur savoir, leur dévouement et leurs largesses de l'ignorance et des préjugés partout difficiles à vaincre.

De nos jours, à Paris, du Pont-Napoléon au viaduc d'Auteuil, 119 boîtes de secours sont disséminées et mises à la disposition de tous ceux qui pourraient en avoir besoin pour parer aux accidents qui journellement se produisent sur la Seine. La préfecture de police, en échange de toute permission lucrative accordée par elle, exige un service pouvant s'appliquer à la population qu'elle a mission de surveiller : elle lui impose, en conséquence, l'obligation d'être utile au public et de reconnaître de cette manière la faveur dont le demandeur est l'objet.

A Paris encore, et il y a trois ans, soit en 1865, sous les plus hauts patronages, une Société centrale s'est fondée pour l'organisation d'un service de sauvetage des naufragés, victimes des tempêtes, dont nos 7,000 lieues de côtes sont si souvent le théâtre. Après dix mois d'existence, cette Société comptait plus de 12,000 souscripteurs, et déjà, en deux ans, un matériel de 600,000 francs fonctionne par ses soins. Aujourd'hui, ses ressources ont doublé en même temps qu'elle poursuit l'installation de ses 70 stations et postes de porte-amarres, pour la protection des naufragés sur nos côtes, sur celles d'Algérie et de nos colonies transocéaniques. A peine existe-t-elle, et déjà l'on compte à son actif 211 personnes sauvées par ses canots et 69 navires secourus. Si, en France, l'esprit de suite fait quelquefois défaut, l'instantanéité sait faire des prodiges. — Les efforts isolés déjà tentés çà et là reçoivent de cette création française une impulsion vivifiante, les relations s'étendent avec les Sociétés plus récentes encore de l'Allemagne, de l'Amérique, et dans une même communauté de sentiments, associations anciennes et nouvelles, de toutes les puissances maritimes, préparent sur tous les points du monde, et, pour ainsi dire, sous le même pavillon, la réciprocité des secours. De même que bientôt aussi, le même symbole, la *croix rouge* protégera sur les champs de bataille, et les victimes de la guerre, et les représentants de la charité neutralisée.

Sauvetage à la nage et expériences à l'appui. — A côté de ce grand déploiement des ressources des peuples civilisés, travaux technologiques, inventions, matériels, subventions, associations, concours internationaux, mon sujet me ramène à une entreprise qui, à mes yeux a bien aussi sa grandeur : je veux parler du sauvetage par un seul homme, sans ceinture, sans amarre, nu au besoin, et qui, sans autre arme que son courage, se jette dans les flots pour sauver, non sans péril pour lui-même, la vie de celui qui se noie.

La difficulté est alors généralement assez grande, mais elle me paraît augmenter encore d'une façon énorme et au point de compromettre beaucoup de tentatives par l'ignorance du procédé le meilleur pour, à la nage, se charger un naufragé et le transporter facilement et sûrement au rivage.

Or, j'ai interrogé avec soin des mariniers émérites du Rhône, de la Saône et d'ailleurs, ayant tous fait leur preuve de courage et d'habileté ; eh bien ! la réponse a été unanime : *On attrape un noyé comme on peut..., on est heureux de pouvoir le soutenir, si l'on voit arriver les secours d'un bateau ou d'une amarre, à défaut de quoi on le pousse devant soi ou on le traîne au besoin.* Mais, qu'arrive-t-il, ai-je répondu, si vous ne pouvez chaque fois et assez longtemps tenir hors de l'eau la tête du noyé ? Entre vos mains l'asphyxie s'achève. — Or, le procédé qui m'a inspiré le plus vif intérêt et dont j'ai lu la description sommaire faite par un sauveteur anglais, procédé que je recommande après l'avoir expérimenté et développé, est autrement précis et efficace ; il consiste à tenir le noyé par les cheveux, à le tourner sur le dos, à imprimer une secousse à son corps pour le faire flotter ; puis le sauveteur à son tour se jette rapidement à la renverse, amène la tête du noyé sur sa poitrine et nage ainsi vers la rive. (*Voir le dessin ci-contre, que j'ai mis en tête de mon tableau ou instruction populaire*).

Ce procédé est si simple, si facile, j'en dirai plus loin les motifs, que dans les expériences que j'ai eu le plaisir de faire cet automne avec notre ami M. le docteur Bron, il m'a été possible de pratiquer simultanément et aisément le sauvetage de deux personnes plus ou moins immobiles.

L'une d'elles ne savait pas nager, et c'était là une complication grande, car cette dernière, par appréhension, se roidissait, perdait la ligne de flottaison si importante à conserver pour la progression et faisait obstacle en se dressant à côté de moi, comme une rame immobile aux flancs d'un bateau.

Le naufragé doit donc être tenu avec la main gauche, la face hors de l'eau et seulement la face ; s'il est chauve, le maintenir par la barbe ou par le menton, ou encore par le haut du collet de son habit, car le plus souvent le noyé est vêtu, et conserver libre la main droite, soit pour aider à la natation, soit pour saisir plus sûrement les amarres, cordages, perches ou bateaux qui peuvent venir à son aide, car, si l'on ne peut gagner le rivage, l'on peut ainsi se tenir sur l'eau pendant plusieurs heures, en attendant des secours que rendent quelquefois nécessaires la marée descendante, les courants ou le voisinage des écueils.

Je viens d'examiner le cas le plus facile, il est vrai, celui du noyé évanoui ou du moins immobile. Mais il va être question d'un moment critique que j'ai trouvé plein d'angoisses et non exempt d'incertitude, c'est celui où il s'agit de sauver un noyé qui, sans secours, va certainement mourir et se débat, éperdu, avec l'énergie du désespoir. Tous les sauveteurs anglais et autres répondent invariablement : *N'y touchez pas; le sacrifice de votre vie serait inutile; attendez qu'il se soit calmé, ce qui arrive dès le premier spasme.* Cette attente peut être prudente, et encore jusqu'à un certain point, mais elle me paraît surtout cruelle. Et d'abord si deux heures de soins et d'efforts sont quelquefois nécessaires pour rappeler un noyé à la vie, il ne faut souvent qu'une minute pour en faire un mort. Puis l'étreinte désespérée du mourant a ses dangers sans doute, mais seulement si on se laisse prendre le premier, et d'autre part, elle n'est pas en définitive aussi insurmontable qu'on le croit, car lorsque l'homme perd connaissance, il lâche graduellement l'objet qu'il a saisi de sa main crispée. Il y a donc là, à ce premier point de vue, une appréhension exagérée qui peut faire perdre un instant précieux, comme je viens de le dire, et, avec lui, la certitude du succès, un instant tellement précieux que dans une eau courante, dans une eau agitée, le naufragé peut disparaître sous vos yeux presque à la portée de votre bras, sans pouvoir être retrouvé. J'en appelle donc contre cette prudence excessive qui est la règle, d'autant qu'elle peut avoir des conséquences graves.

Aussi me serait-il doux de pouvoir sans témérité effacer du vocabulaire des sauveteurs le cruel : *N'y touchez pas !*

Mais ce n'est pas tout de protester; toute vie est précieuse; et, si la difficulté n'est pas absolue, suivant mon premier dire, elle ne persiste pas moins. Comment donc la résoudre aussi sagement que possible ?

Ne pas se laisser prendre, ai-je dit ; mais, dois-je ajouter, être prêt à saisir rapidement le noyé par derrière et par deux points à la fois pour immobiliser le haut de son corps, la face hors de l'eau, en même temps par les cheveux à l'aide de la main gauche, et par l'épaule droite à l'aide de la main droite ; le tenir ainsi à distance avec les bras étendus devant soi et en nageant debout, puis surveiller le bras droit du noyé, et s'il s'agite, s'il cherche un point d'appui susceptible de nuire à la manœuvre qui consiste d'abord à le renverser sur le dos, saisir ce bras au-dessous du poignet, parce que c'est la partie la plus facile à envelopper, et le ramener énergiquement sur votre main gauche, c'est-à-dire derrière sa tête. Vivement enfin l'entraîner à la renverse, et bientôt il arrive, ce que l'on conçoit facilement, que les deux mains du mourant viennent instinctivement se fixer sur la main gauche du sauveteur qui, la première, l'a empoigné. En est-il autrement ? Les mains du naufragé se sont-elles cramponnées aux flancs de celui qui vient l'arracher à la mort ? Qu'importe. Le sauveteur ne s'est-il pas promis de ne pas revenir seul ? Sa tête a été tenue à l'abri de toute surprise, et ses jambes sont hors de toute atteinte. C'est en raison, en effet, de l'ardeur redoutable du noyé à s'emparer, pour finalement se jeter au cou du sauveteur (comme si la tête de ce dernier était une bouée de sauvetage), soit de la main confiante qui la première s'approcherait de lui, soit de la jambe ou des flancs qui prématurément autour de lui viendraient se glisser, que les mesures et précautions que je viens de prescrire sont toutes indispensables. A ces conditions, en définitive, les manœuvres voulues et le sauvetage ne sont donc plus empêchés.

Le noyé submergé reparaît assez souvent une ou deux fois à la surface, et déjà lorsqu'on arrive jusqu'à lui, ses forces épuisées le rendent peu dangereux, et, dans tous les cas, le relâchement musculaire a-t-il détruit toute crispation ou étreinte? le chargement et le transport n'ont plus le caractère de violence dont je viens de parler. L'homme secouru a-t-il toute sa raison? le rassurer, le soutenir un instant à bras tendu en le prenant sous l'une des aisselles, l'inviter à maintenir ses jambes allongées en le prévenant que vous allez placer sa tête sur votre poitrine et l'emporter en toute sécurité.

Mais la troisième situation qui m'inspire le plus de sollicitude est celle du plongeur, qui, en raison de la réfrangibilité du milieu dans lequel il se trouve, ne distingue que difficilement, c'est-à-dire de très-près et comme des ombres les formes incertaines du noyé qui s'agite au fond de l'eau : il peut donc être surpris et saisi au hasard, car le naufragé n'y voit pas mieux et de plus est parfaitement inconscient. La hardiesse raisonnée du sauveteur doit alors lui faire tenir compte du temps écoulé, car le danger n'existe que dans les premiers moments, et, dans ce cas, le plus difficile, le plongeur doit s'attacher, s'il y a résistance, à lancer le noyé à la surface pour venir le reprendre avec plus de certitude et de force après avoir respiré. Il y aurait lieu à ce sujet d'étudier le pouvoir dispersif des verres concaves de certaine nature, c'est ce que je me propose de faire plus tard, et déjà M. le docteur Gayet m'a promis le concours précieux de ses connaissances spéciales pour la solution de cet intéressant problème.

Ce n'est donc pas, en définitive, sans motifs que je persiste à dire que, quelque critique que soit la situation périlleuse qui vient de m'arrêter, le procédé qui consiste à se charger un noyé évanoui ou un naufragé que l'on a pu rassurer, ou même éperdu et aux prises avec des convulsions dernières, est parfaitement et maintes fois facilement praticable.

Pour faire partager mes convictions sur ce point, j'invite à suivre un instant le récit des preuves et constatations que j'ai réunies ci-après. L'on sait, en effet, qu'un corps plongé dans l'eau perd de son poids une quantité qui égale celui du volume d'eau qu'il déplace ; mais quel est le volume d'eau déplacée par le noyé, et conséquemment quelle est la différence à la charge du sauveteur ? D'après mes essais, un adulte pesant hors de l'eau 75 kilos déplace largement 73 litres et ne pèse plus, par conséquent, que 2 kilos à peine lorsqu'il est entièrement submergé. Sa tête est-elle hors de l'eau, le volume d'eau déplacé est nécessairement moindre, et alors le poids total accusé est augmenté d'autant, soit de 4 kilos environ, ensemble 6 kilos ; c'est donc là, dans les deux cas, un poids facile et restreint à porter, un poids variable sans contredit, suivant les sujets, mais un poids que l'on peut réduire encore, comme je vais le dire dans un instant. J'ai, d'autre part, pris à l'amphithéâtre, le poids d'une tête moyenne qui, mise dans la balance, accusait 4 kilos 125 grammes ; plongée dans l'eau, elle déplaçait exactement 4 litres, soit 4 kilogrammes ; cette tête submergée ne restait donc au fond de l'eau qu'en vertu de la différence de 125 grammes, différence qui entre le poids brut réel et celui donné par sa densité est ainsi de environ 3 %, plus exactement 3,3. La densité du corps entier est moindre, soit de 102,5, la différence de 2 kilos à peine que j'ai signalée plus haut pour un adulte pesant 75 kilos n'égalant que 2,5 %.

J'ai dit enfin précédemment que cette quantité, faible du reste, était assurément un peu variable, suivant les individus, suivant les âges, car chez les jeunes sujets, ou chez ceux qui sont maigres et secs, le poids spécifique est un peu plus élevé, mais qu'il pouvait être amoindri en quelque sorte à volonté ; il suffit, en effet, au nageur d'introduire dans sa poitrine une plus ou moins grande quantité d'air, pour augmenter son volume et diminuer ainsi sa densité. Si, au lieu de deux litres d'air, quantité qu'il possède dans ses vésicules pulmonaires, il respire dans une grande aspiration 4 litres qui représentent notamment une capacité pulmonaire moyenne mesurée au pneumatomètre, il fait facilement équilibre aux 2 kilos d'excédant de son poids total, et il flotte sans mouvement à la surface de l'eau. Ceci explique non-seulement comment les moins bien doués peuvent arriver *à faire la planche* et comment aussi en tenant seulement hors de l'eau la face du naufragé, on peut alléger le poids du fardeau au point de le réduire à 3 kilogrammes. Ce qui est enfin vrai pour le sauveté est également vrai pour le sauveteur.

En effet, le corps entier et les diverses parties du corps plongées simultanément ou séparément dans l'eau, perdent des quantités plus ou moins considérables de leur poids ;

de là, ainsi que je vais l'exposer, la détermination que j'ai faite de leur densité :

Densité.

Un corps d'adulte pesant 70 kil. plongé dans l'eau (douce) perd les $\frac{97,60}{100}$ de son poids ; elle n'y pèse donc plus que que 1 k. 680........................ 1,0245

La tête seule pesant 4 k. 250 gr., plongée dans l'eau perd les $\frac{96,15}{100}$ de son poids ; elle n'y pèse donc plus que 0 k. 164 gr. 1,0400

Les deux bras pesant chacun 3 k., soit 6 k. plongés dans l'eau perdent les $\frac{95,33}{100}$ de leur poids ; ils n'y pèsent donc plus que 0 k. 281 gr 1,0500

Les deux jambes pesant chacune 6 k., soit 12 k., plongées dans l'eau perdent $\frac{90,90}{100}$ de leurs poids, et n'y pèsent donc plus que 1 k. 092 gr........ 1,1000

Le tronc privé des membres et de la tête, pesant 47 k. 750 gr., plongé dans l'eau perd les $\frac{99,70}{100}$ de son poids , et par conséquent n'y pèse plus que 0 k. 144 gr 1,0030

Le tronc du cadavre a donc sensiblement la densité de l'eau ; mais pendant la vie et surtout pendant les grandes aspirations d'air, il devient plus léger qu'elle. Ces chiffres expliquent aussi comment les bras et la tête réunis et même jetés en arrière, ont de la peine à faire équilibre aux jambes maintenues dans l'extension.

Si l'on soulève la question de savoir si la position du sauveteur couché sur le dos est bien nécessaire, je réponds d'abord que je n'en ai recommandé la pratique qu'après

l'avoir étudiée, et j'ajoute qu'il ne m'a pas moins paru con-
venable de justifier cette recommandation. En conséquence,
j'ai dû chercher à comprendre d'abord en quoi consistaient
ses avantages, et voici ce que j'ai vérifié. En nageant sur
le dos, j'avais pratiqué aisément le sauvetage simultané
de deux adultes dont les têtes reposaient sur ma poitrine,
et dans une autre épreuve, j'avais dû considérer comme
impraticable le sauvetage d'un seul enfant de 15 ans placé
sur mes épaules, alors que je me livrais à la natation dite
en brasse ou en coupe. Or, pour apprécier les limites de
cette première donnée expérimentale, j'ai réalisé et fait répéter cette autre épreuve : un poids de 12 et même 15 kil.
appliqué sur le devant de la poitrine du nageur était facilement et sans fatigue emporté au-dessus de l'eau, surtout
le poids de 12 kil., tandis que le même poids attaché soit
sur la nuque, soit sur les épaules pesait si lourdement sur
le porteur que ce dernier renonçait bientôt à flotter étendu,
pour se soutenir debout, respirer suffisamment et demander
tout haletant à être déchargé de son lest. C'était, en d'autres termes, la meilleure manière de s'attacher une pierre
au cou pour se noyer.

L'une des deux positions était donc défectueuse, et c'était
celle qui consiste à nager sur le ventre. Mais pourquoi ?
alors qu'elle semble au contraire être plus naturelle et préférable, en cela surtout qu'elle offre pour la natation le
concours des deux bras, et la vue devant soi, pourquoi,
dis-je, cette plus grande somme d'efforts ? Eh bien, j'estime
que l'explication première se trouve dans cette appréciation
que celui qui nage, ainsi qu'il vient d'être dit, soit de la façon la plus habituelle, sur le ventre, est lui-même réelle-

ment plus lourd que s'il nage sur le dos. C'est donc de lui-même que vient la différence, car il porte alors le poids de sa tête (4 kil.) ajouté au poids du fardeau (12 kil.), qui, considéré comme une limite pour plusieurs, l'oblige souvent à avoir la bouche et le nez immergés (total 16 kil.), tandis que dans la natation sur le dos, la tête est renversée et immergée de manière à perdre le poids du volume d'eau qu'elle déplace (c'est-à-dire près de 4 kil.), de telle sorte que le sauveteur ne porte plus réellement que les 12 kil. de fardeau, soit seulement les trois quarts de la somme totale qu'il peut aisément soutenir. D'autres appréciations scientifiques peuvent encore être invoquées à l'appui de cette préférence à donner à la natation sur le dos. N'est-il pas établi en effet qu'un corps plongé dans un liquide, subit de la part de ce dernier une poussée verticale dirigée de bas en haut et égale au poids du volume du liquide qu'il déplace? Or, cette poussée comprime, dans la natation sur le ventre, le devant, c'est-à-dire la partie la plus dilatable de la poitrine et rend ainsi plus pénibles les grandes inspirations sollicitées par des efforts prolongés.

Ne sait-on pas en outre que la stabilité d'un corps flottant est d'autant plus grande, quand il s'agit d'un corps hétérogène immergé, que le centre de gravité est plus bas placé? car c'est pour ce motif que dans les navires les corps les plus lourds et le lest sont placés dans la cale.

Dans la natation sur le dos, le sauveteur a donc plus de stabilité, sa poitrine est plus dilatable, sa respiration moins gênée, sa densité plus allégée par l'introduction plus profonde de l'air extérieur, il est dégagé de toute entrave et ses mains également plus libres soutiennent et protégent facilement celui dont il veut sauver la vie. Pratiquement, enfin, j'ai fait cette constatation importante à noter, à savoir qu'en ce qui concerne la puissance de progression, deux coups de nage à la renverse égalent trois coups de nage à la brasse.

Le plus souvent la respiration est gênée à un très-haut degré et les forces sont diminuées d'autant par l'impression subite du froid, par les efforts exagérés et surtout par l'émotion. Dans ces circonstances, le sauveteur devra donc, pour conserver toute sa puissance d'action, ménager avec soin sa respiration (comme ailleurs le chanteur ou le lutteur habile) ; il y parviendrait en faisant un appel énergique à tout le sang-froid dont il est capable.

Une dernière note pour finir, car je croirais avoir négligé une notion très-utile si dans la crainte puérile de descendre dans des détails qui ne sont infimes qu'en apparence, je ne rappelais pas qu'avant de se jeter à la nage, le sauveteur, quelque empressé qu'il soit, doit trouver un instant pour se défaire, s'il y a lieu, de ses sous-pieds, de ses bottes et des attaches qui relient son caleçon à ses jambes, retourner au besoin ses poches : c'est là une série de petites précautions en effet, que l'on regrette toujours de n'avoir pas prises, à ce point que l'on traîne après soi une masse d'eau très-gênante, à ce point enfin que l'on s'expose à ne gagner que difficilement le bord et surtout à la douleur de revenir seul. Lorsque le sauveteur, enfin, chargé du précieux fardeau d'une vie à conserver, est emporté dans un courant où l'attendent, comme pour l'engloutir, les remous et les tourbillons, le nageur ne doit pas se laisser simplement entraîner, mais redoubler de vigueur pour gagner en vitesse la rapidité du courant lui-même, le franchir ainsi victorieusement et se voir tout à coup porté au delà de l'obstacle, à défaut de quoi, si la passe a été manquée, il aura à recommencer après s'être laissé remonter dans le contre-courant, mais alors sans effort et sans résistance.

Je rappelle de même, en passant, que pour découvrir le point où se trouve un noyé qui vient de disparaître dans une eau calme, les bulles d'air qui arrivent à la surface sont une indication sûre pour le plongéur.

Je ne sais en terminant si j'ai pu me faire facilement comprendre dans cet exposé des réformes apportées au service de nos boîtes de secours et des pratiques coordonnées soit dans mon tableau qui résume toute une instruction populaire, soit dans mes études hydrostatiques appliquées au sauvetage. Je ne sais si j'ai atteint le double but poursuivi : et d'apporter d'une part aux médecins l'initiation aux nouvelles installations avec la justification scientifique des manœuvres conseillées, et de faciliter d'autre part à nos dépositaires l'application des premiers soins. Dans le premier cas, je serais plus inquiet si je n'avais pour interprètes des hommes plus compétents que moi et à même de suppléer aux lacunes de cette communication. Dans le second cas, le personnel dévoué de nos stations de secours, ayant sous les yeux un guide plus précis de la distribution des efforts à tenter, se réservera plus sûrement, auprès de ses aides, la direction des manœuvres à ordonner en temps opportun, c'est-à-dire le plus souvent sur la berge, dès que le noyé est retiré de l'eau.

Mais ma tâche ne serait que mieux accomplie si, pour

rendre moins compromise la vie du naufragé, je pouvais faire partager mes sentiments de confiance et d'enthousiasme même, à l'endroit du procédé de sauvetage préalable et à vulgariser dont j'ai parlé en dernier lieu.

Pour justifier toutefois cette manière d'exprimer ma conviction, je dois ajouter que l'on est en droit de la trouver non exagérée, après avoir été, comme moi, aux prises avec la nécessité, le devoir, la volonté ardente de sauver un ami, tout à coup paralysé par la crampe, alors que dans l'ignorance de tout moyen réellement efficace, j'étais réduit au seul renseignement de ceux qui répètent : *On fait comme l'on peut.* — Ce qui est bien peu de chose lorsqu'on ne sait pas pouvoir.— L'absence de tout secours était certaine, car la nuit était venue, ma voix était sans portée et l'accident avait lieu au milieu de la Saône, prise à Perrache, dans sa plus grande largeur, soit au niveau du pont tubulaire actuel. Le nageur, pour supporter hors de l'eau la tête de son ami, saisi sous l'un des bras, ne pouvait venir respirer à la surface qu'à de longs intervalles et se voyait forcé de nager en restant presque debout, c'est-à-dire sans grand profit pour la progression, dans une eau profonde et affreusement dormante. Il leur fallut quarante minutes d'angoisse pour atteindre le bord.

Un peu longuement, j'ai insisté en finissant sur l'étude et le contrôle du meilleur procédé de sauvetage à la nage ; mais qu'on me pardonne en raison du but qui vaut mieux que mes efforts, car l'objet de mon travail est tout entier et dans l'espoir de voir cette pratique se vulgariser partout et dans le vif désir d'augmenter ainsi les chances favorables au salut des naufragés, dans la certitude enfin d'avoir donné en même temps plus de puissance et de sécurité aux courageuses entreprises des sauveteurs.

En résumé, sans rappeler même brièvement les expériences, recherches, données historiques et scientifiques que j'ai consignées dans le précédent travail, j'ajoute, pour m'en tenir aux conclusions les plus pratiques :

A. — En ce qui concerne *l'assistance donnée à l'aide des boîtes de secours aux noyés rapportés sur la berge,* ou au plus près, dans un bateau par exemple, ou lieu abrité, se souvenir des trois recommandations principales qui, inscrites dans mon instruction populaire en un tableau, correspondent à la fois aux trois ordres de moyens voulus et aux trois principales fonctions vitales à rétablir : RÉCHAUFFER PAR FRICTIONS et autrement ; FAIRE RESPIRER par insufflations et mieux par les mouvements imprimés aux bras comme l'indiquent les deux gravures nᵒˢ 5 et 6 ; et enfin RANIMER ou réveiller la sensibilité par divers excitants et révulsifs.

B. — En ce qui regarde les procédés de *sauvetage à la nage en pleine eau et sans appareil,* sauvetage rapide et toujours prêt dont j'ai donné les dessins, m'aider à détruire des préjugés funestes que j'ai entendu formuler partout, notamment ceux qui se contentent de dire : *On prend un noyé comme l'on peut !* et ceux qui répètent, s'il se débat : *N'y touchez pas, le sacrifice de votre vie serait inutile ; le noyé se cramponnerait à vous et vous seriez perdu ; attendez qu'il soit calmé par le spasme !* D'autres ajoutent, ce qu'on n'ose écrire : *Il faut préalablement donner au noyé un coup de poing sur la tête de manière à l'étourdir !*

Or, comme je ne saurais trop le répéter, s'il faut souvent une heure pour rappeler un noyé à la vie, il ne faut plus souvent encore qu'une minute pour faire d'un noyé un homme définitivement mort. Mais des précautions que l'expérience m'a suggérées doivent être prises pour opérer avec succès et d'abord sans danger pour soi : Voir, en conséquence, à côté de la gravure donnant la meilleure méthode pour pratiquer le transport du noyé évanoui, les trois dessins concernant le noyé qui se débat, dessins ayant chacun pour légende une seule ligne devenue suffisamment instructive pour chacune des trois manœuvres qu'ils représentent et dont la description entière se réduit à :

Première manœuvre. — Ne *pas se laisser prendre le premier,* car c'est là qu'est le danger ; mais *être prêt à surprendre le noyé* par derrière, et, *en même temps par deux points à la fois,* pour immobiliser le haut de son corps ; et bientôt le *saisir rapidement, de la main gauche par les cheveux, de la main droite par l'épaule droite,* et le maintenir ainsi hors d'état de nuire, *la face au-dessus de l'eau* ; avoir *les bras étendus énergiquement devant soi* pour tenir le noyé à distance et *nager debout,* la tête et les jambes mises ainsi à l'abri de toute atteinte. (Pl. 1).

Deuxième manœuvre ou deuxième temps. — Surveiller le *bras droit* du noyé et chercher à *le saisir au-dessous du poignet pour le ramener derrière sa tête* et se préparer à pratiquer l'entrainement. (Pl. 2.)

Troisième manœuvre ou troisième temps. — Le bras droit est-il saisi ou devenu inoffensif, le sauveteur imprime quelques secousses au repêché pour le *faire flotter sur le dos, se jette lui-même à la renverse, amène la tête* de ce dernier sur sa poitrine, et nage avec sécurité vers le bord. (Pl. 3.)

Quatrième circonstance. — Le naufragé est-il évanoui ? pratiquez l'entraînement comme il vient d'être dit (troisième manœuvre), avec cette différence que le sauveteur *conserve libre sa main droite*, soit pour aider à la natation, soit pour saisir plus sûrement les amarres, cordages, perches ou bateaux qui peuvent venir à son aide. (Pl. 4.)

Enfin, lorsqu'on ne peut soi-même aller jusqu'au rivage à cause des courants, des écueils et surtout de la marée descendante, l'on peut se tenir sur l'eau, ainsi qu'il vient d'être dit, pendant plusieurs heures en attendant les secours.

En définitive, ma confiance en cette méthode est telle, que je n'hésite pas, en terminant, à proposer de la vulgariser par tous les moyens et surtout par l'exercice de ses pratiques dans toutes les écoles de natation, car c'est proposer de faire autant d'hommes aptes à sauver leurs semblables qu'il y aura de nageurs, c'est proposer enfin d'augmenter les chances de salut des naufragés, en rendant moins souvent applicable le dernier mot de la noble devise des sauveteurs : *Sauver ou périr !*